homson.

LETTRE
DE
M. LE Dr THOMSON,

AU SUJET DES DÉBATS QUI ONT EU LIEU

ENTRE

M. MAXIME VERNOIS,

INTERNE A LA PITIÉ,

ET

M. PH. RICORD,

CHIRURGIEN DE L'HÔPITAL DU MIDI.

Mon cher Vernois,

Toutes les fois qu'un homme a été insulté dans l'ombre; toutes les fois qu'un ennemi sans courage a constamment, pour l'attaquer, fui ses pas et sa présence; quand cet homme a épuisé tous les moyens imaginables pour obtenir la rétractation des injures qui lui ont été adressées; quand il a surtout prouvé que les allégations suscitées contre ses antécédents, pour détourner à la fois toute explication et toute réparation honorable, étaient fausses et mensongères, son caractère rentre dans le domaine public; c'est au monde et à l'indépendance de ses opinions qu'il appartient de le juger et de le venger. Telles sont les circonstances dans lesquelles, au double titre et de votre ami sincère et de votre juge impartial, je vous trouve placé. Votre honneur restera intact. Les menaces dont nous avons été accablés pendant nos investigations, retomberont avec tout le poids d'une honte éternelle, sur ceux qui les ont prodiguées. Et quand vous aurez livré à la publicité ce récit simple et vrai de vos débats, votre adversaire sera flétri devant un tribunal dont il ne pourra plus faire assiéger les portes par des témoins provocateurs. Vous ne périrez point avant d'avoir repoussé loin de vous les imputations odieuses qu'on vous a indignement attribuées; et la turpitude de votre calomniateur ne sera point voilée par le silence et la mort.

Le 7 octobre, je fus invité à faire partie d'un comité de la Société des médecins étrangers, pour y donner divers renseignements. Ce comité ne fut réuni chez M. Ricord que sur son offre et sa demande; mais je n'ai jamais considéré le lieu de notre séance que comme un lieu public, où devaient être discutés les articles de notre réglement. Tout ce qui s'y passa donc ne fut pour moi, que des actes non médités dans le secret d'un cabinet, mais élaborés dans le sein d'une commission qui représentait les membres de la Société. Ce fut à l'occasion d'une loi proposée sur l'admission des membres, que le docteur Ricord s'écria qu'il avait vu siéger dans la Société un homme, M. Vernois, le plus infame de Paris, et avec lequel il répugnait de se rencontrer. Étant également l'ami de Ricord et de vous, et me trouvant en présence de personnes étrangères (MM. les docteurs Sichel et Webber), je dis avec vivacité au docteur Ricord, qu'il ne pouvait avancer cela de Vernois. Je le soutiens et le soutiendrai toujours, me répondit-il alors, c'est un homme infame, le plus infame de Paris, plus infame qu'un galérien; il a été souffleté souvent sans en avoir demandé satisfaction. Telles au moins, *sur ma parole d'honneur*, ont été les expressions que j'ai cru entendre, dont je garde le souvenir, et qui ont engagé MM. Webber et Sichel à s'écrier : Ceci est par trop fort; nous ne sommes pas venus ici pour entendre des injures. — Et M. Webber : — « Si au surplus de tels faits sont exacts, il sera facile de l'exclure de la Société. » — Ce qui prouve que, si l'opinion du docteur Ricord eut prévalu dans le comité, malgré ses déclarations ultérieures, vous auriez été largement desservi.

Le mercredi 8 octobre, mon premier soin fut de vous donner avis à ce sujet, et de vous prévenir que si ces imputations n'étaient pas controuvées, je me verrais forcé à ne plus vous admettre chez moi. Suivirent vos protestations énergiques, et votre offre de m'accompagner partout où besoin serait d'attester la vérité de votre défense. Cette franchise, jointe aux relations honorables que je vous connaissais depuis long-temps avec nos premières célébrités savantes et médicales me fit douter de la vérité des allégations de M. Ricord, d'autant que j'eus souvenir alors des disputes scientifiques qui s'élevèrent entre vous l'an passé, et dont je ne connaissais la nature que par les pièces publiées dans les journaux. Je vous engageai donc à voir au plutôt MM. Webber et Sichel, afin d'acquérir la conviction des faits qui s'étaient passés la veille dans le comité de notre Société, et d'en demander explication devant nous à M. Ricord. De mon côté je lui écrivis la lettre suivante :

Monsieur,

L'ami intime de Vernois n'a pu entendre, sans être offensé, un homme qu'il respecte, auquel il a des obligations, et pour qui il professe beaucoup d'affection et d'estime, couvrir son nom d'ignominie et de honte en présence d'étrangers. Car je suis très-lié avec Vernois, et je l'ai depuis long-temps reçu dans ma famille comme un ami tout particulier. Je n'ai pas besoin de vous dire que je n'y aurais jamais admis un homme duquel on pourrait publier : *qu'il est plus infame qu'un galérien, qu'il a été souffleté en public, etc.* S'il y avait quelque fondement à ces accusations, je serais également infame de l'avoir proposé comme membre de la Société. J'ai demandé ce matin à Vernosi une explication à ce sujet, et je lui ai dit que jusqu'à ce qu'il m'ait démontré la fausseté de ces imputations, il ne pourrait espérer être encore reçu dans ma famille. Il a protesté contre de pareilles insinuations, les a déclarées mensongères; et je ne puis que dire, que d'après les relations honorables que Vernois a tous les jours avec les hommes les plus distingués, j'ai lieu de craindre que vous vous soyez trompé. J'espère que vous vous hâterez d'enlever la flétrissure que vous avez jetée sur un membre de notre Société.

8 octobre 1834. *Signé* ALEX. THOMSON,
2, impasse des Vignes, rue des Postes.

(*Traduit de l'anglais.*)

Cette lettre lui fut remise vers 11 heures du matin. Le soir, à mon retour chez moi, je vous rencontrai. Vous aviez déja écrit à M. Webber une lettre dont voici la substance, n'en ayant pas gardé vous-même la copie.

Monsieur,

Dans une réunion qui a eu lieu hier soir entre vous, M. Thomson, M. Sichel et M. Ricord, ce dernier s'est permis, sur mon honneur, une série d'imputations odieuses. Vous concevez que je ne puis supporter une pareille conduite. Je vous prie donc de m'accorder ce que tout homme d'honneur ne peut refuser à un autre homme d'honneur, c'est de mander M. Ricord devant vous, avec moi, afin qu'il puisse me donner une explication sur ses allégations. Je vais de ce pas chez M. Sichel lui demander la même justice. M. Thomson est prêt à se joindre à vous. J'attends votre rendez-vous, j'y serai exact, très-exact.

Recevez l'assurance de la considération distinguée avec laquelle j'ai l'honneur d'être votre dévoué serviteur,

Signé, MAXIME VERNOIS,
8 octobre 1834. Interne à la Pitié.

Vous aviez également rendu visite à M. Sichel, qui était convenu des injures de M. Ricord envers vous, et vous promit de s'occuper promptement de cette affaire. En effet, pendant mon absence, M. Sichel avait déposé cette lettre.

Mon cher confrère,

Je suis très-fâché que vous ayez suscité une telle affaire à propos de notre nouvelle Société. Je suis venu avec M. Webber pour prendre votre avis sur le meilleur moyen d'arranger cette affaire d'une manière convenable. Nous essaierons de parler à Ricord ; mais nous ne pourrons le faire d'une manière definitive sans votre coopération ; ainsi, ayez la bonté d'avertir votre ami, M. Vernois (il attend une réponse à la Pitié), aussitôt votre retour chez vous, qu'il faudra qu'il patiente un peu. Je serai chez moi à 11 heures, demain et après demain, rue de la Chaussée d'Antin, 50. Vous excuserez ma sincérité, si je trouve que vous avez eu un peu tort de ne pas avoir interrompu hier M. Ricord, puisqu'il est bien connu qu'il a très-mauvaise opinion de votre ami. En agissant ainsi, vous auriez arrêté toute cette affaire désagréable qui nous fera perdre à tous les deux beaucoup de ce temps dont nous sommes également avares.

Avec une sincère estime, à vous,

8 octobre 1834. *Signé :* SICHEL.

(*Traduit de l'anglais.*)

A huit heures du soir nous étions chez M. Sichel. Il avait vu M. Ricord, celui-ci persistait à soutenir que vous aviez été souffleté par un nommé M. Desvouves, sans en avoir demandé réparation, et qu'il ne siégerait pas plus volontiers à côté de vous qu'aux côtés d'un galérien, etc. En vain avez-vous expliqué à M. Sichel vos affaires avec M. Desvouves : sans preuve d'assertions opposées, M. Ricord, disait-il, avait raison d'agir ainsi. J'avais moi-même été dépeint par lui dans l'esprit de M. Sichel, comme un dénonciateur qui aurait trahi les secrets de son cabinet. Mais d'où cela venait-il? du silence gardé sur ma première lettre. M. Ricord ne l'avait montrée à personne. Le public qui vous jugera appréciera toute la franchise et toute la droiture du chirurgien de l'hôpital du Midi. Fausser le caractère d'un homme honorable dans l'esprit de M. Sichel, c'était le début à ce qui va suivre : c'était commencer cette guerre insidieuse et rampante où M. Ricord a toujours su jusqu'ici dérober sa tête, en plaçant devant lui des amis aveugles ou dévoués, prêts à recevoir les balles qui devaient seul l'atteindre. C'est pour cela, mon cher Vernois, que je vous priai de quitter alors toute idée de patience, et que je vous engageai à paraître devant le public armé de tout ce qui pourrait renverser et mutiler votre calomniateur. Tout vous engageait à cette conduite, car M. Webber vous avait, de son côté, répondu ce qui suit :

Monsieur,

Tout en reconnaissant la justice de votre réclamation, je vous prie de considérer qu'étant lié avec M. Ricord, je ne suis pas la personne qui doive faire auprès de lui la démarche que vous désirez. Il va sans dire, du reste, qu'ayant été présent à l'offense, je devrais assister à la réparation.

J'ai l'honneur d'être,

Monsieur,

Votre très-humble serviteur,

1 h. après midi. *Signé* WEBBER.

Aussi le jeudi 9, à 10 heures du matin, votre ami M. Adrien Lefèvre remettait à M. Ricord les deux lettres suivantes :

Monsieur,

Je sors à l'instant de chez M. Sichel : il paraît qu'on ne peut obtenir de vous ni rencontre ni explication. Il faudra bien cependant que vous cessiez tôt ou tard de me calomnier dans l'ombre, quand en face du public, soit à la Société anatomique, soit à la Société des médecins étrangers, soit devant mes amis à l'hôpital du Midi, vous n'osez jamais me rien dire. Or, Monsieur, j'ai pris connaissance auprès de M. Sichel des raisons de vos scrupules et de votre répugnance : elles sont vraiment admirables! Vous avancez, Monsieur, des faits essentiellement faux, vous le savez ; vous n'avez que des « *On m'a dit* » pour vous : et je défie ceux dont vous avez cité les noms, de pouvoir attester qu'ils m'aient jamais vu *une* et *plusieurs fois* souffleter, sans que j'en aie demandé raison ; je vais donc vous rappeler les faits que vous semblez avoir oubliés.

En novembre ou décembre 1833, une explication eut lieu à la visite et *devant vous*, entre M. Desvouves et moi : par suite de cette explication, M. Desvouves refusa, soit chez moi, soit chez lui, de s'entendre raisonnablement sur les faits, afin de voir à qui droit était : une rencontre vive dans ses résultats, suivit le *guet-apens* où j'étais tombé (c'est le mot même du procès-verbal dressé alors sur les lieux, signé des témoins de la scène et envoyé à M. Orfila); c'est-à-dire qu'attaqué à *posteriori*, je repoussai la force par la force. A ce débat n'était présent que M. Desvouves. Or, pourquoi citer comme témoins de ces faits, MM. Rousseau, Rattier, et Marrotte, qui n'ont que faire dans cette circonstance, et qui n'ont rien vu. Comment osez-vous vous élever contre ce qui a été attesté par cinq ou six témoins oculaires, qui sont encore prêts à affirmer la vérité de ce que j'avance? Où donc a existé ce soufflet non repoussé? où donc surtout ont été donnés et reçus ces plusieurs soufflets? Tout cela n'existe, Monsieur, que dans les calomnies sans nom que vous avez versées sur moi.

Il est donc de toute fausseté que j'aie jamais été souffleté *une* ou *plusieurs fois* sans en avoir demandé raison. Vous ne l'avez pas prouvé en alléguant quatre noms dont le témoignage, vous savez, vous est assuré (et cela soit dit sans attaquer personne autre que vous), et vous ne le prouverez jamais. Vous savez bien plus que peu de temps après, c'est moi-même qui ai provoqué en duel un de vos amis. Ceux qui ont été mes témoins dans cette affaire, sont prêts à attester que de mon côté du moins, tout s'est passé selon les lois de l'honneur. Ils ont jugé la question de savoir si, quand on provoque *un homme* en duel, *trois* ont le droit de se présenter l'épée à la main.

Mais, Monsieur, vous ne vous êtes pas borné devant MM. Thomson, Webber et Sichel à ces imputations odieuses. Vous avez osé dire que j'étais *digne des galères*, que j'étais *l'homme le plus infame de Paris*, que j'avais *été chassé de tous les hôpitaux où j'avais demeuré.* C'était mettre le comble à vos infames discours. Vous savez que vous avez inventé tout cela: et que pour le dire, vous vous êtes adressé à des étrangers qui me connaissaient peu. (Sichel et Webber.)

Apprenez donc, Monsieur, que je ne souffrirai jamais que pareille atteinte soit portée à mon honneur, sans que la plus complète réparation y soit donnée. Je vous somme donc de déclarer faux, inventés pour me nuire, et calomnieux, tous les propos que vous avez tenus sur moi devant MM. Thomson, Sichel et Webber.

Il ne s'agit plus de tergiverser, ni de refuser une rencontre avec moi. Si vous ne me donnez prompte et complète satisfaction, je me charge de publier partout vos actes et vos turpitudes. Vous savez depuis long-temps que je ne crains pas d'avoir recours à la publicité.

9 Oct. 1834. MAXIME VERNOIS,
interne à la Pitié.

Nota. Je dois dire ici que le mot *guet-apens* n'est pas dans le procès-verbal qui est déposé entre les mains de M. Jourdan. J'ai écrit ces lignes de souvenir, et je ne tiens pas à ce mot. Il me suffit de renvoyer aux certificats des témoins oculaires, et surtout a la déclaration de M. Jourdan (administrateur des hôpitaux), qui ne nous a pas délivré copie de ce procès-verbal, parce qu'il était rédigé contre M. Desvouves.

Monsieur,

Je vous ai écrit ce matin à propos d'une affaire qui est beaucoup trop importante pour qu'elle soit négligée. J'ai eu une entrevue avec M. Sichel; et ce qui m'a fait seulement prier Vernois de tarder à vous écrire, c'est que M. Sichel m'a engagé à agir ainsi. Vous avez eu l'imprudence inconcevable de faire part de cette affaire à M. Sichel sans lui avoir montré la lettre que je vous avais écrite ce matin: cette lettre, j'en suis maintenant persuadé, a changé beaucoup la nature de ses opinions. L'explication que vous avez eue avec M. Sichel, est tout-à-fait évasive et entièrement indigne de vous. Car vous savez bien que les soufflets sont la partie la moins importante de votre accusation, Ce soufflet, et je le dis dans ma conviction la plus profonde, n'a pas été donné; et de plus, M., je suis déja certain de la fausseté d'une partie de vos assertions, de celle-ci, par exemple, que vous ignoriez que Vernois fût un de mes amis. Non-seulement vous le saviez, M., mais c'est vous même qui me l'avez autrefois présenté, et vous avez toujours évité de me parler de lui, depuis les discussions que vous avez eues ensemble. Si cependant vous pensiez que je ne le connusse pas, votre conduite était encore bien plus répréhensible, puisque, par cela même, vous admettez que vous l'auriez calomnié devant des étrangers, et sans qu'il pût répondre à vos attaques. De tels subterfuges sont indignes, M., de tout homme, et surtout de vous, qui prétendez à une réputation européenne. Dans ces circonstances, j'ai engagé Vernois à vous demander satisfaction; et si vous la lui refusez, je saurai de quelle manière, publiquement ou en particulier, repousser une injure qui me deviendrait alors personnelle.

Signé : ALEX. THOMSON,
2, Impasse des Vignes, rue des Postes.

8 octobre 1834.
(Traduit de l'anglais).

Qu'avait fait M. Ricord? Il avait envoyé chez moi, par *la poste*, le billet suivant :

Monsieur,

L'ami intime de Vernois ne saurait être le mien, ainsi que me le prouve la lettre que j'ai reçue de vous ce matin; il fallait choisir entre lui et moi, et c'est ce que vous avez fait. J'avoue que votre lettre m'a causé quelque surprise; les relations que nous avons eues ensemble me paraissaient de nature à m'attendre à autre chose!

Quoi qu'il en soit, relativement *à votre intime ami*, j'ai dit, qu'avec tout le respect que je professais pour la Société nouvelle dont je fais partie, que si j'avais su qu'il y siégeât, j'aurais refusé d'en être; vous m'avez dit que cela vous étonnait, que M. V*** n'était pas un échappé des galères : à quoi je vous ai répondu qu'il ne me ferait pas plus plaisir de siéger à ses côtés! Maître à moi d'accorder mon estime ou mon mépris à qui bon me semble. Quant aux autres parties de mon discours, je vous renvoie à l'hôpital des Vénériens, pour plus ample information; ne voulant ni parler, ni entendre parler d'un homme avec lequel je ne veux rien avoir à faire.

Toutefois, permettez-moi de vous faire une observation : j'avais cru, hier, avoir dans l'intimité de mon cabinet un homme que depuis plusieurs années j'étais habitué à regarder comme ami ; je me suis trompé, c'était l'ami de M. V.*** j'en suis fâché!

Le 8 octobre 1834. Signé : PH. RICORD.

Ma femme en avait pris connaissance : ce fut sans doute dans cette intention qu'il me l'avait fait ainsi parvenir. Le public sera encore ici le juge de cette conduite. Il spécula sans doute sur les émotions domestiques! C'était un moyen à essayer. Vous ne vous seriez jamais douté probablement, d'après une semblable lettre, que j'avais promis il y a peu de temps à M. Ricord de lui dédier mon ouvrage sur les *hernies;* que j'avais traduit tous ses mémoires en anglais ; que je l'avais défendu dans les journaux étrangers ; en un mot, que j'avais fait sa réputation en Angleterre! S'il fut trompé, je le fus encore davantage.

Notre journée se passa, vous le savez, à recueillir à l'hôpital du Midi, et à la maison royale de santé, tous les renseignements qui devaient vous faire sortir triomphant de cette lutte inégale : ce fut là que j'ai obtenu les certificats suivants, après la lecture desquels le doute n'est plus permis sur les allégations de M. Ricord. Il devait rester incrédule.

Nous soussignés, *témoins oculaires* de la rixe qui eut lieu entre M. Vernois et M. Desvouves, à l'hôpital du Midi, en décembre 1833, certifions que M. Desvouves a assailli M. Vernois à l'instant où il entrait dans la cour, en se jetant *à posteriori* sur son dos, à coups de poings : M. Vernois ayant alors ses mains dans ses poches et n'étant nullement préparé à une pareille attaque : ce qu'il repoussa par un violent coup de parapluie dans la figure de M. Desvouves, et ce qui amena entre eux deux une lutte corps à corps, qui se termina par l'intervention des assistants qui les séparèrent.

Signé par A. Ory, sous-économe à l'Hôpital du Midi.

Signé, Jamois, infirmier.

— + Pour la signature de François Soufflé, infirmier.

— Femme Leblanc, cuisinière en chef

Vu par l'agent de surveillance de l'Hôpital des Vénériens, pour légalisation des signatures apposées ci-derrière.

Paris le 14 octobre 1834.

Signé VASSON.

Nota. M. Ory atteste la vérité des faits ci-dessus énoncés, mais ne connaissant pas M. Desvouves particulièrement, il ne peut pas dire si la personne qui s'est portée à ces excès s'appelle Desvouves. Il reconnaîtrait bien cette personne. M. Desvouves n'a jamais renié l'identité.

Nous soussignés Employés à l'hôpital du Midi, certifions que pendant une année que M. Vernois a été interne à cet hôpital, nous n'avons jamais entendu sur son honneur, sa réputation et sa probité circuler aucun bruit, qui ait pu diminuer ou éteindre l'estime que nous avons tous pour lui.

Signés SAUVAGEOT, Économe.
A. ORY, Sous Économe.
FAUCHEUX, Commis.
PIETTE, Employé.
LEFEVRE, Surveillant des Hommes.
MARTIN, Domicilié à l'hôpital du Midi.
LEFÈVRE, Commis.
JAMOIS, Infirmier.
TOMUEUX, Employé.
FEMME MARTIN, Lingère.

L'Agent de surveillance de l'hôpital des Vénériens soussigné certifie que les signatures apposées ci-dessous sont bien celles des Employés qui les ont apposées.

Paris, le 14 Octobre.

Signé : VASSON.

Mêmes renseignements à la Maison royale de Santé, où j'eus occasion de voir M. *Delacroix*, un de vos témoins dans votre duel avec M. Marotte, et qui m'assura alors, sur sa parole d'honneur, que tout s'était, en cette circonstance, de votre côté, passé loyalement et honorablement.

Enchanté de ces informations, j'adressai la lettre suivante à M. Sichel :

Mon cher Monsieur,

D'après votre avis j'ai passé toute la matinée en fiacre, courant de place en place. — J'ai pris toutes les informations nécessaires, et j'ai le regret de vous annoncer que j'ai trouvé les assertions de M. Ricord fausses sur tous les points. J'ai reçu de lui ce matin, en réponse à ma lettre d'hier, une communication qui maintient ses accusations, mais écrite en termes tels qu'ils ne sauraient être ceux d'un homme honnête à un autre. Je regarde M. Ricord comme tellement au-dessous de moi sous tous les rapports que je saisirai l'occasion la plus prompte de publier mes convictions sur la bassesse de ses disculpations et la lâcheté de ses attaques. Je lui ai écrit ce matin avant d'avoir reçu sa lettre, et il ne paraît pas disposé à se battre puisqu'il a eu la lâcheté de se présenter ce matin à ma femme, et de s'annoncer en mon absence, accompagné seulement de M. Rattier, que je regarde comme son ami dévoué dans toutes les circonstances.

A vous sincèrement.

9 oct. 1834. Signé : ALEX. THOMSON.

(Traduit de l'anglais.)

A six heures du soir, M. Rattier vint seulement me rendre réponse à nos deux lettres. Nous insistions, vous le savez, sur l'entrevue que vous réclamiez depuis le principe; on voulait y amener une foule de témoins. Nous avons constamment protesté contre cette méthode, qui ne pouvait que conduire à des collisions étrangères à la question : et M. Rattier, en présence de témoins, nous promit alors d'obtenir le soir même, de M. Ricord, une lettre de convocation pour le lendemain; et nous jura, sur son honneur, qu'il ne se trouverait au rendez-vous personne autre que nous, Thomson, Webber et Sichel.

En effet, le soir, à la Société des médecins étrangers, M. Rattier nous remit à chacun une lettre qui contenait la convocation suivante :

De Monsieur Ricord à Monsieur Vernois.

Je vous attends demain, Monsieur, avec MM. Sichel et Webber, rue de la Harpe, hôtel de Nassau, n° 85, chambre n° 24, à 11 heures du matin.

Signé : P. Ricord.

Le 9 octobre au soir.

— Une lettre semblable a été adressée à M. le Dr. Thomson.

En même temps, M. Ricord entretenait verbalement M. Sichel, et lui disait qu'il était convenu avec nous d'amener au rendez-vous MM. Marotte, Rattier, Desvouves, Borelly, etc. !!

Le vendredi 10 octobre à onze heures du matin, vous étiez avec moi et M. le docteur Bazin, rue de la Harpe, hôtel Nassau. M. Bazin se retira, et nous demandâmes la chambre n° 24. Nous n'étions pas les premiers au rendez-vous : M. Ricord frère nous avait devancés. Injures, menaces, calomnies, voilà ce que nous avons reçu de lui. On pourra s'adresser à M. le professeur Geoffroy Saint-Hilaire. — Peu à peu arrivèrent MM. Ricord et Webber. M. Sichel fut retenu par des circonstances impérieuses, et ne put se rendre, nous a-t-il dit, à cette entrevue. On concevra néanmoins avec peine qu'il soit des affaires plus importantes que celles où l'on est juge d'un débat qui devait décider de la vie ou de la mort d'un confrère ! J'ai voulu, vous le savez, protester avec vous contre une rencontre incomplète, et qui ne nous satisfaisait pas. Mais, sur la proposition de M. Ricord d'accepter pour juges uniques M. Webber et moi, les explications commencèrent. Je fis alors les questions suivantes :

A M. Webber. Admettez-vous que le docteur Ricord ait, en votre présence, insulté M. Vernois ? — M. Webber ne se prononce pas. (Voir cependant la lettre que M. Webber vous a écrite.)

— *A M. Ricord*. Avouez-vous avoir dit, en présence de MM. Thomson, Webber et Sichel, que M. Vernois était un homme infame, plus infame qu'un galérien, etc. ? — Oui, répondit-il, relativement à moi; c'est un homme infame, etc., un homme qui a été souffleté sans en demander raison, etc.

— *A M. Webber*. Vous souvient-il que j'aie arrêté M. Ricord au milieu de ses imputations ? — M. Webber ne se prononce pas. Mais M. Ricord l'admet, car il l'a avoué à M. Sichel.

— *A M. Webber*. Admettez-vous que vous ayez dit ainsi que M. Sichel, à M. Ricord, que ses expressions étaient démesurées ? — Oui. — Il y a donc eu insulte bien déterminée envers M. Vernois ? — *Oui*, disent MM. Webber et Ricord.

— *A M. Webber*. M. Ricord vous a-t-il montré ma première lettre ? — *Non*. — Voulez-vous accepter ma parole d'honneur sur les investigations que j'ai faites relativement aux faits allégués par M. Ricord ? — Oui, dirent M. Ricord et M. Webber.

Voulez-vous m'accompagner avec MM. Vernois et Ricord à l'instant, pour vérifier les faits à l'hôpital du Midi ? — Oui. — De la part de M. Webber, Non, et toujours non de la part de M. Ricord.

A M. Webber. Voulez-vous m'accompagner dans ces lieux avec M. Sichel, sans les parties intéressées, et dans le même but ? — Oui, mais je le crois inutile.

A M. Ricord. Est-ce vous qui m'avez présenté M. Vernois ? — Oui. — M'avez-vous jamais dit quelque chose contre M. Vernois ? — Non. — Vous saviez donc que j'étais l'ami de M. Vernois ? — Oui.

Après cette discussion où vous avez vous-même, mon cher ami, rappelé la conduite passée de M. Ricord envers M. Lisfranc son bienfaiteur et son maître, a eu lieu, comme vous vous souvenez, une série d'altercations non concluantes, pendant lesquelles un bruit considérable se fit entendre à la porte du lieu où nous étions réunis. Il était causé par la présence de MM. Lemarchand, Marrotte, Rattier, Desvouves, Borelly, Ricord frère. — Je sommai alors M. Ricord d'user de son influence pour éloigner ces Messieurs. Nous avons protesté tous deux contre cet oubli de toutes les lois de l'honneur et des convenances. — Un rendez-vous devant MM. Webber, Sichel et moi, transformé en un guet-apens! une telle œuvre était digne de M. Ricord. En effet il s'évada habilement. Je restai seul avec vous devant six hommes qui vous traitaient à l'envi de *lâche* et d'*infame*, et qui répétaient hautement leurs provocations. A cet instant arriva notre ami M. Bazin, et vous-même, qui, irrité d'une conduite si indigne et si odieuse, irrité surtout des calomnies qu'on lançait contre vous, êtes venu jeter votre gant au milieu du groupe dont je viens de parler. — A part M. Desvouves, avez-vous dit alors, que je considère comme un chiffonnier, d'après sa conduite antécédente envers moi, et avec lequel je n'aurai aucun rapport de ma vie, je défie le premier qui ramassera mon gant, et je lui prouverai que je ne crains pas plus la balle de son pistolet que celle d'un autre. M. Borelly accepta le défi, et nous partîmes le cœur plein d'indignation, mais de courage et de fermeté. Le rendez-vous fut donné à Montmartre : vos témoins, pris à la hâte, furent M. Bazin et moi : MM. le docteur Cross, Adrien Lefèvre, Jacques de Castro et Jatteau, interne à la Salpétrière, nous assistèrent sur le champ de bataille. Les témoins et assistants du côté opposé étaient MM. Webber, Lemarchand, Marrotte, Desvouves et Rattier. — Après l'échange d'une balle, malgré la proposition antérieure de quelques adversaires de vous faire essuyer plusieurs coups de feu, nous avons rédigé, sur la demande de la partie opposée, le certificat suivant :

Nous soussignés témoins dans le duel qui a eu lieu entre Messieurs Borelly et Vernois, aujourd'hui 10 octobre, déclarons que tout s'est passé selon les lois de l'honneur et de la plus parfaite loyauté. *Signé :*

BAZIN. D. M. P.; LEMARCHAND. D. M. P.;
ALEX. THOMSON; D. M. CAMBRIDGE.; F. G.WEBBER.

Le combat intercurrent était terminé; mais nous étions bien loin de notre cause avec M. Ricord : il persistait encore dans ses allégations. — Comment le convaincre? ou plutôt comment lui prouver toute l'infamie de sa conduite?

Deux ou trois jours se passèrent alors à travailler encore à l'attaquer dans ses imputations, à lui démontrer la bassesse de ses ruses.

M. Sichel y dévoua tout son temps; et bientôt convaincu comme nous de ses torts et de ses calomnies, il lui adressa une lettre fort longue, dont on peut prendre connaissance tous les jours chez lui de onze heures à midi, et dont les conclusions étaient qu'une rétractation complète envers vous, pouvait seule le tirer de cette affaire. — Que de changements amène un seul jour! Le lendemain soir il m'apportait une espèce de projet de rétractation, qui maintenait ses mêmes mensonges, et qu'il me proposait cependant d'accepter pour vous. — Jamais, mon cher Vernois, je n'aurais pu consentir à une pareille proposition. Votre honneur m'est aussi cher que le mien. Il était perdu si j'y consentais. En effet vous ne tardâtes pas à nous voir, M. Sichel et moi, et vous avez fort bien fait de refuser cette soi-disant rétractation ; c'était une nouvelle accusation.—Vous savez que je ne pus prendre alors copie de cette pièce, et voici la lettre que M. Sichel m'a adressée le lendemain 13 octobre :

Mon cher confrère,

M. Ricord, sans consentir à ce que je laisse entre vos mains les papiers que vous m'avez demandés, m'autorise à les faire lire à tous ceux que vous jugerez nécessaire d'en instruire. J'en donnerai donc communication, tous les jours à onze heures, excepté le dimanche et le samedi, à quiconque viendra de votre part ou de la part de M. Vernois avec une invitation écrite pour le faire; et en cela je crois satisfaire aux exigences raisonnables des deux parties. Du reste, je me retire entièrement de toute coopération ultérieure à cette affaire : je crains les suites qu'elle pourrait avoir pour vous autant que pour M. Ricord, d'après la tournure qu'elle commence à prendre; mais je dois vous avouer que M. Ricord me semble avoir fait ce qu'on pouvait lui demander. Rappelez-vous en outre que les lois n'atteignent et ne punissent la diffamation et la calomnie que quand elles ont été publiques.

Recevez, mon cher confrère, l'estime distinguée de votre tout dévoué.

13 octobre 1834. *Signé* : SICHEL.

M. Sichel nous abandonnait! Les choses en étaient là quand, pour éclaircir encore la question, j'eus l'idée d'écrire à MM. Marrotte, Rousseau, Desvouves, Rattier, Lemarchand, Borelly, que M. Ricord ramenait toujours en scène, la lettre suivante.

Monsieur,

Je vous prie de me faire l'honneur de me répondre, par écrit, à ces deux questions :

1° Avez-vous dit à M. le docteur Ricord que M. Vernois ait été souffleté?

2° Avez-vous vu M. Vernois être souffleté?

J'ai l'honneur d'être votre très-humble serviteur,

13 octobre 1834. *Signé*, ALEX. THOMSON.

Voici les réponses que j'ai obtenues :

« Je n'ai pas vu souffleter M. Vernois, et je ne l'ai pas dit à M. Ricord. *Signé*, LEMARCHAND, D[r]. M.

« Cependant *je suis certain* qu'il lui a été donné des soufflets, auxquels il a répondu par un coup de parapluie. »

II°

M. Marrothe a refusé de donner une réponse par écrit, disant qu'il ne désirait nullement renouveler une ancienne querelle avec M. Vernois, qui avait été terminée depuis long-temps; qu'il ne se rappelait pas d'avoir dit à M. Ricord que M. Vernois avait été souffleté, mais qu'ayant cette croyance, d'après le témoignage de M. Desvouves, il serait possible qu'il eût exprimé sa conviction au docteur Ricord.

III°.

1° Oui, j'ai dit à M. Ricord que M. Vernois avait été souffleté.

2° Je n'ai pas vu M. Vernois être souffleté, mais je l'ai *souffleté moi-même.*

J'ai l'honneur, etc. *Signé*, Hip. DESVOUVES.

Nota. Il me sera tout-à-fait inutile de réfuter une semblable lettre : les certificats des témoins oculaires du fait, et la suite de ces débats apprendront au public de quel nom il faut flétrir celui qui signe de sa propre main des actes aussi mensongers.

(VERNOIS.)

IV°.

M. Rousseau était absent de Paris; la lettre ne lui a pas été remise.

Les deux lettres qui vont suivre n'ont point été délivrées sur-le-champ à M. Green, leurs auteurs lui ayant dit qu'ils répondraient par écrit.

V°.

Monsieur, d'après les questions auxquelles vous me priez de répondre, je déclare que j'ai dit à M. le docteur Ricord que M. Vernois avait été souffleté, et cela d'après M. Desvouves qui m'avait dit l'avoir souffleté, ainsi que le bruit en court, et d'après l'aveu de M. Vernois lui-même; à cette différence qu'il appela coups de poing sur le visage et coups de pied ce que M. Desvouves nommait soufflets.

Au moment auquel ces soufflets ou coups de poing sur la figure furent donnés, je n'étais pas dans l'hôpital, je n'ai donc pu voir l'action.

J'ai l'honneur d'être, etc. *Signé*, Léon RATTIER.

Nota. Dans la seule explication que j'aie eue avec M. Battier, sur ces faits, devant M. Thomson et plusieurs autres personnes, j'ai dit précisément le contraire de ce qu'il avance. J'ai déclaré ce que j'ai écrit dans ma première lettre à M. Ricord, et ce qui a été attesté par les témoins oculaires.

(VERNOIS.)

VI.

Monsieur,

Je m'empresse de répondre à vos deux questions :

Vous me demandez si j'ai dit à M. le Dr Ricord que M. Vernois ait été souffleté? — Oui, je le lui ai dit. Vous me demandez encore si je l'ai vu? *Non* : mais je le tiens de M. Devouves, qui m'a dit s'être porté à ces voies de fait envers M. Vernois; et ce dernier ne me dit pas que *non*, lorsque je m'informai de la vérité des faits auprès de lui.

J'ai l'honneur de vous saluer,

14 octobre 1814. *Signé*, A. BORELLY.

P. S. Je vous prierai, monsieur, de vouloir bien dorénavant cacheter vos lettres, si vous avez occasion de m'en adresser d'autres; car je ne suis pas dans l'habitude de faire savoir mes affaires au portier.

Nota. On aura pu remarquer que M. Borelly, pour répondre aux questions de M. Thomson, avait eu besoin de réfléchir. Les allégations mensongères qu'elle contient sont toutes gratuites. Je n'ai jamais eu d'explication avec M. Borelly sur ces faits; et comment lui aurais-je avoué ce que des témoins oculaires, entièrement étrangers à nos débats, s'accordent à démentir. (VERNOIS.)

Vous voyez que je frappais à toutes les portes : ce n'était pas assez. Quoique le résultat de ces derniers documents fût précieux, il restait toujours une difficulté, celle de faire croire à vos adversaires la vérité des dépositions que j'avais reçues. Ce fut alors que vous avez prié M. Andral de vouloir bien m'accompagner à l'hospice du Midi, pour appuyer au moins de l'autorité de tout son honneur et de sa probité irrécusable, des faits que partout on reniait comme faux. L'épreuve a eu lieu en toute sévérité. Vous n'avez été présent à aucune, et les renseignements ont été les mêmes partout.

Que devais-je faire? m'empresser d'éclairer la conscience de M. Sichel. Je me rendis chez lui, et je lui écrivis ce qui suit :

Mon cher monsieur,

J'ai été aujourd'hui avec M. le professeur Audral à l'hôpital des Vénériens. Nous avons vu tous les témoins oculaires de l'affaire entre MM. Desvouves et Vernois : nous avons aussi vu tous les employés de l'hôpital, et je suis heureux de dire qu'ils ont répété toutes les assertions qu'ils m'avaient déjà faites, c'est-à-dire qu'il n'existe rien à leur connaissance, soit dans les relations qu'ils ont eues avec M. Vernois, soit dans ce qu'ils ont appris de lui par ses camarades dans cet hôpital ou dans d'autres, qui puisse en quelque manière que ce soit, ternir son honneur ou sa probité ; que M. Vernois a été frappé *traîtreusement* dans le dos par M. Desvouves, et qu'il a répondu à ces violences inattendues par un coup de parapluie : enfin, que M. Vernois est universellement estimé et regretté dans l'hôpital du Midi.

M. le professeur Andral sera content de vous dire les mêmes choses, si vous voulez bien lui faire l'honneur de lui rendre visite demain entre onze heures et midi et demi. En vous faisant annoncer par votre nom, vous serez admis auprès de lui sans délai.

Ici suivent les réponses de MM. Marrotte, Lemarchand, etc... déjà données.)...

Ainsi, vous voyez, monsieur, que M. Marrotte ne veut pas accepter la responsabilité d'être un des témoins du docteur Ricord ; qu'il a été informé du soufflet, seulement par M. Desvouves. Le docteur Lemarchand nie l'assertion de M. Ricord, qui, dans son projet de rétractation déposé entre vos mains, avance que lui, M. Lemarchand, lui aurait rapporté que M. Vernois avait été souffleté.

M. Desvouves m'écrit ainsi qu'il suit (voir sa réponse) ; mais son témoignage est en contradiction patente avec la vérité des faits qui résultent des assertions énoncées deux fois à moi-même, et une fois à M. le professeur Andral, par les employés de l'hôpital des Vénériens.

Je viens de recevoir une lettre de M. Rattier, qui démontre encore que, lui aussi, base ses assertions sur le témoignage de M. Desvouves. Il avoue également qu'il n'a point vu le fait. (Ici est une copie de sa lettre.)

M. Borelly ne m'a pas encore honoré d'une réponse.

A vous sincèrement.

Signé, Alex. THOMSON.

14 octobre 1834, n° 13, rue Saint-Dominique d'Enfer.

(*Traduit de l'anglais.*)

Aviez-vous assez fait, mon cher Vernois? Oui, sur mon honneur, et dans ma conscience; et pourtant il restait encore une démarche ultime, c'était celle d'avertir M. Ricord de toutes ces circonstances et de lui demander de nouveau justice et réparation.

Je lui fis alors remettre la dernière lettre qu'on va lire, par M. le docteur Green. Elle fut parcourue entièrement en sa présence, et elle resta sans réponse !!

Monsieur,

J'ai prié M. Andral, en l'absence de M. Orfila, auquel je me serais adressé avant tout autre, d'aller prendre hier à l'hôpital du Midi, avec M. le Dr. Thomson, tous les renseignements relatifs aux faits que vous avez allégués, afin d'éviter de me rendre raison des insultes que vous m'avez faites. Devant M. Andral, on a maintenu tout ce qui déja vous avait été dit par M. Thomson, lors de notre première entrevue avec M. Webber. Satisfait des témoignages de M. Thomson dont vous-même aviez reconnu l'honneur dans cette circonstance, je n'aurais pas engagé M. le professeur Andral à faire cette démarche, si ultérieurement vous n'aviez mis en doute la véracité de mon ami. Vous savez maintenant, Monsieur, que je n'ai pas refusé de me battre avec un de ceux qui se sont trouvés au rendez-vous où votre témoin avait juré qu'il n'y aurait personne autre que MM. Thomson, Webber et Sichel. M. Sichel nous a depuis affirmé que c'est vous-même qui, malgré cette parole d'honneur, avez engagé cinq ou six étrangers à s'y trouver. Je ne puis regarder la convocation de ces messieurs que comme une nouvelle lâcheté de votre part.

Maintenant, Monsieur, que je vous ai prouvé, d'une part, toute la fausseté de vos allégations, d'une autre, que je ne reculais point devant un duel, je vous somme pour la dernière fois de *rétracter* de la manière la plus complète, la plus formelle, et par écrit, tout ce que vous avez avancé. Si vous ne voulez point, je vous provoque en un duel *à mort* entre vous et moi. Cette rencontre aurait lieu à Montmartre. Le rendez-vous serait demain à 11 heures à la barrière des Martyrs. Vous auriez vos armes et moi les miennes.

Si vous refusez cette dernière proposition, je vous déclare à jamais un homme infame, un lâche calomniateur, sans honneur et sans âme, et je livre immédiatement toute cette affaire à la publicité.

P. S. — Réponse avant 9 heures du soir, à l'hôpital de la Pitié.

14. octobre 1834. MAXIME VERNOIS.

Ma tâche était finie, mon cher Vernois, la vôtre aussi. J'ai dû vous adresser le résultat de mes recherches ; j'ai dû me conduire en juge intègre et impartial. Je ne vous ai trouvé faible en aucune circonstance. Vous êtes sorti victorieux de toutes les épreuves de la calomnie et de la méchanceté. Le public appréciera vos raisons, vos titres, vos combats. Il a dans ses mains toutes les pièces de ce procès dégoutant : il ne tardera pas à juger.

Après avoir pris connaissance de ses nombreux documents, il est impossible à tout lecteur impartial de ne pas être conduit à admettre les conséquences suivantes :

1° M. Ricord a calomnié M. Vernois.

2° M. Ricord sachant que toutes ses calomnies étaient sans aucun fondement, les a cependant maintenues.

3° M. Ricord a refusé à M. Vernois toute espèce de rétractation.

4° M. Ricord n'a accepté aucune des conditions que dicte l'honneur en pareille circonstance, pour réparer une insulte qu'on ne veut pas désavouer.

5° M. Ricord s'est donc conduit de telle manière qu'il n'y a plus que l'opinion publique à déterminer la nature de ses actes.

Je vous autorise, mon cher Vernois, à donner à cette immense lettre toute ls publicité que vous jugerez convenable : elle n'en aura jamais trop.

Tout à vous, de cœur,

Signé : ALEX. THOMPSON.

13. Rue Saint-Dominique d'Enfer.

Pourrais-je hésiter un moment ? Qu'ai-je à craindre

du grand jour? Je n'ai pu obtenir ni justice, ni rétractation. Il me suffira d'avoir hautement protesté contre toutes les accusations auxquelles j'ai été en butte. Il me suffira d'avoir réclamé ce que tout homme d'honneur a droit d'exiger de ses agresseurs; ce que M. Ricord m'a si obstinément réfusé, le public me l'accordera sans peine. Quand d'une main il inscrit la probité d'un citoyen offensé, de l'autre, il trace en lettres ineffaçables, sur le front du calomniateur, et sa honte et son ignominie.

Signé : MAXIME VERNOIS.
Interne à l'Hôpital de la Pitié.

A l'instant où nous terminions ce travail, M. Ricord a fait remettre la lettre suivane à M. Thomson, par M. Webber.

Monsieur,

M. Vernois est toujours le même à mes yeux, et partant, M. Ricord ne peut pas descendre à croiser le fer avec lui. Vous m'avez proposé, en cas que je lui refusasse, de regarder mon insulte comme vous étant personnelle.

Ne pouvant pas accepter les propositions de M. Vernois, je suis prêt à vous en donner satisfaction quand vous voudrez.

Le 14octobre 1834. *Signé* PH. RICORD.

Voici les réponses que lui ont envoyées en cette occasion MM. Vernois et Thomson :

Monsieur,

Votre lettre arrive trop tard : la question est jugée. Tout le monde et tous vos confrères sont ou seront informés avant ce soir de votre conduite. Vous avez choisi une route tortueuse; l'honneur va droit à son but. En me battant avec vous, je donnerais tort à mon ami. Mon but au contraire a été de repousser vos calomnies contre lui, et non de vous aider à lui nuire. Il y a quelque chose d'odieux à attendre, ayant refusé de vous battre avec Vernois, vous ayez accepté les noms de *lâche*, de *calomniateur*, etc., pour revendiquer mou honneur. Cette honneur, je l'ai établi par le moyen que j'ai jugé seul honorable, la publiicté : c'est la première manière selon laquelle je me suis réservé le droit de considérer l'affront. Quand je vois, après ces affaires, MM. Andral, Louis, Lisfranc, Velpeau, Clément et Geoffroy Saint-Hilaire (nonobstant ses dédains présumés de la part de votre frère), donner la main à M. Vernois, et l'assurer devant moi de l'estime toute particulière qu'ils ont pour lui, *la question*, je le répète, *pour moi est jugée*. Je me déshonorerais en considérant l'affront de toute autre manière. Vous craignez la mort : vous n'échapperez pas à l'infamie. Si vous aviez accepté le *défi à mort* que vous a porté Vernois, et si vous n'eussiez pas alors succombé, j'étais prêt à le venger. Mais une main salie comme la vôtre ne touchera jamais la mienne, même dans une lutte à mort. Vivez toujours, Monsieur, pour jouir de votre ignominie ! Il fallait accepter mon défi avant de vous laisser flétrir. Rappelez-vous, monsieur, que jusqu'à ce que M. Sichel vous eût écrit, qu'il ne vous restait plus que deux choses à faire, ou de vous rétracter, ou de courir les risques d'être insulté sans avoir le droit d'en demander raison ; vous n'avez jamais parlé de vous battre avec moi.

Je vous rappellerai de plus la dernière phrase de ma lettre qui vous donne tant d'arrogance : « Dans cette circonstance, j'engage M. Vernois à vous demander satisfaction ; et si vous la lui refusez, je saurai de quelle manière, *publiquement* ou *en particulier*, repousser une injure qui me deviendrait alors personnelle. » J'ai choisi la publicité : nous serons bientôt jugés.

15 octobre 1834. *Signé*, Alex. Thomson.

Monsieur,

Je viens de prendre connaissance de la lettre que vous avez adressée à mon ami M. le Dr Thomson. Quand un homme est assez lâche pour refuser de me rendre raison des insultes qu'il m'a faites, je n'ai pas l'habitude de souffrir qu'une autre personne que moi se présente pour les venger. M. Thomson n'acceptera pas votre défi. Car dès ce moment il se déshonorerait ainsi que moi-même. Serait-ce cette impossibilité d'une rencontre entre vous deux qui vous aurait donné le *courage* de la proposer ?

Ce 15 octobre 1834. Maxime Vernois,
Interne à la Pitié.

De l'imprimerie de Firmin Didot Frères, rue Jacob, n° 24.

BIBLIOTHEQUE NATIONALE DE FRANCE
3 7502 01002320 0

www.ingramcontent.com/pod-product-compliance
Ingram Content Group UK Ltd.
Pitfield, Milton Keynes, MK11 3LW, UK
UKHW021205230726
13926UKWH00001B/330

9 782013 656795